AF233247

MARIAGES

CÉLÉBRÉS À PARIS, LE 9 AOUT 1832,

A L'OCCASION DU MARIAGE DE S. A. R.

LA PRINCESSE LOUISE,

FILLE AINÉE DU ROI DES FRANÇAIS,

AVEC S. M. LE ROI DES BELGES.

Mairie du 11ᵉ Arrondissement.

Par une pensée heureuse, ou plutôt par un sentiment digne du Roi-Citoyen qui, dans ses affections, ne sépare pas les deux grandes familles dont il est le chef, le même jour a vu célébrer : à Compiègne, le mariage de la Princesse Louise avec le Roi des Belges ; à Paris, dans les douze mairies, et dans la banlieue, le mariage de seize jeunes filles, dotées par la liste civile, avec seize jeunes citoyens qui ont donné

Lb⁵¹ 1481.

1832

d'éclatans témoignages de leur amour pour les libertés publiques, et pour le bonheur de leur pays.

Ces mariages étaient, pour la France, un gage d'avenir : car deux Nations, parlant la même langue, ayant la même origine, les mêmes mœurs, long-temps réunies sous les mêmes lois, contractaient une nouvelle alliance ; et deux Souverains, dont le pouvoir, venu de la même source, ne repose point sur de vieilles fictions politiques, mais sur la base plus large de l'élection nationale, s'unissaient comme fils, comme père, et entraînaient dans leur union deux Peuples qui s'aiment et qui s'estiment. Ce beau jour a rendu la Belgique à la France. La Belgique est redevenue au Nord notre barrière ; et notre drapeau, qui fut le sien, sera désormais son *Palladium*. La guerre eût pu nous donner la Belgique dépendante, ou une seconde fois incorporée : la paix nous la donne libre et alliée, fière de sa nationalité, ayant désormais ses droits appuyés sur les droits de la France, et des intérêts inséparables des siens.

En fixant le 9 août pour l'heureuse époque de cette alliance, Louis-Philippe a voulu que le contrat d'union entre les deux Peuples rappelât à jamais le jour où lui-même il s'unit à la France par un autre contrat, sous la foi des sermens.

Le vœu du Roi-Citoyen a été que les seize jeunes filles et leurs seize maris fussent choisis parmi les héros et les victimes de ces immortelles journées où devait s'achever enfin, après plus de quarante ans de combats et d'épreuves, de gloire et de malheurs, la grande révolution commencée en 1789 : ce vœu a été entendu et rempli.

La nouvelle Reine des Belges a envoyé dans les mairies les couronnes et les bouquets pour les mariées. C'est ainsi que son auguste mère avait donné les fleurs et les couronnes des mariages de juillet ; et ce qui distingue des anciens temps de la monarchie du droit divin, la jeune époque de la monarchie nationale, c'est que autrefois l'argent était jeté comme par dédain dans les fêtes publiques, et qu'aujourd'hui un sentiment de famille préside à ces solennités : il y a eu, pour l'auguste mariée de Compiègne et pour les seize mariées de la capitale et de sa banlieue, dix-sept bouquets pareils, dix-sept couronnes égales. La même pensée a fait frapper sous la date du 9 août, la médaille du mariage. Elle a été donnée, le même jour, à la Reine des Belges, aux seize mariées dotées par elle, et, par une heureuse inspiration, aux seize mariées de juillet qu'on avait invitées à ces nouvelles fêtes.

La mairie du xi° arrondissement avait fixé son choix sur Marie-Louise Gaud, fille orpheline de Louis Gaud qui, soldat de 1792, s'était élevé de grade en grade à celui de capitaine en 1808, et de chef de bataillon en 1813; qui, blessé en Italie, en Egypte, à Friedland, en Espagne, en Portugal, avait vu neuf fois son sang couler sur les champs de bataille, et après dix-huit campagnes, n'avait pu survivre aux désastres de la France et au licenciement de l'armée de la Loire.

La jeune orpheline, sœur d'un des blessés de juillet, a reçu pour mari M. Auguste Bridoux, décoré de juillet.

Les seize contrats avaient été signés à l'Hôtel-de-Ville en présence du préfet, des douze maires de Paris, des sous-préfets de Sceaux et de Saint-Denis, et des colonels de la Garde-Nationale.

Le 9 août, à neuf heures du matin, un nombreux détachement de Garde-Nationale, commandé par le chef de bataillon Dobignie, avoué de la liste civile et des douanes, était sous les armes dans la cour de la Mairie, avec les sapeurs, les tambours et la musique de la XI° Légion. Dans les salles se trouvaient réunis MM. le Colonel comte de Sussy, qui trouve toujours, dans ses sentimens, le chemin de ses devoirs; le lieutenant-Colonel Boulay (de la Meurthe), président zélé du conseil de salubrité; le Major Conseil, Lieutenant-

Colonel de l'artillerie de la marine ; les braves chefs de bataillon, Pernot, Dargère, Carlhian, Hippolyte Tilliard, le Docteur Tascheron, toujours infatigable dans les services publics, un grand nombre d'officiers de la légion, le Juge de Paix, et beaucoup de notables de l'arrondissement.

Le mariage civil a été célébré par M. Gillet, Maire adjoint, qui, s'adressant aux deux époux, a dit :

« Monsieur et Mademoiselle,

» Notre nouvelle dynastie voulant former un lien d'amour entre le Trône et la Nation, et reconnaissante envers ses immortels fondateurs, fait sans cesse éclater sa sympathie pour eux. C'est ainsi qu'à l'occasion du mariage d'une Princesse avec un Roi voisin et ami, elle a voulu consacrer l'heureux anniversaire de son avénement en unissant des époux choisis dans les familles qui se sont le plus distinguées aux mémorables journées de juillet. Les vainqueurs ont scellé de leur sang l'affranchissement de la France. Ils ont effacé de la Charte une origine fausse et outrageante, et l'ont restituée au seul et véritable principe de tout pacte politique, l'assentiment national.

» Monsieur, votre conduite dans les trois grandes journées est attestée par le signe d'honneur qui orne votre poitrine. Soyez toujours ce que vous avez été, citoyen fidèle et dévoué aux lois et aux libertés du pays. Sans doute, votre croix de juillet, jetée dans la balance, y a pesé de tout son poids, mais elle n'a pas été votre seul titre à notre préférence : vous la devez aussi à votre bonne renommée, et nous n'avons pas hésité à vous confier le bonheur de la fille d'un de nos anciens soldats, sœur d'un de vos compagnons d'armes dans les journées de juillet.

» Vous avez été, Monsieur, fidèle à la gloire, à l'honneur : vous ne serez pas infidèle au serment plus doux que vous allez prêter entre nos mains.

» Et vous, Mademoiselle, que de titres vous avez à notre préférence ! vous, fille d'un de ces braves qui illustrèrent leur nom sur tant de champs de bataille, et qui portèrent si loin l'honneur français !... Que n'est-il témoin de notre reconnaissance celui qui a tant fait pour la Patrie ! celui qui affronta la mort dans cent combats, sans la craindre ni la trouver ! celui enfin qui, aussi bon citoyen qu'intrépide soldat, ne put survivre aux jours néfastes de la France, à l'asservissement de notre chère Patrie !

» Soyez fière, Mademoiselle, d'être de la famille des braves. Votre frère encore enfant, et digne du guerrier qui lui donna le jour, se distingua dans les journées de juillet, et mérita bien du pays en répandant son sang pour la défense de ses libertés.

» L'administration municipale a été heureuse de pouvoir payer une partie de la dette de la patrie : en appliquant ainsi les largesses royales, elle ne pouvait mieux remplir les intentions du Monarque et mériter sa confiance.

» Votre naïve et touchante bonté, alliée à une éducation reçue dans une de ces écoles célèbres fondée pour les filles de nos plus vaillants guerriers, et d'où sont sorties tant d'aimables et bonnes épouses, les qualités naturelles et acquises qui vous distinguent, sont pour nous des garanties de l'avenir.

» Jeunes époux, vous serez heureux : nous aimons à le croire, et nous osons le prédire, car la vertu des pères porte bonheur aux enfans. Elle est pour eux un titre à l'estime et à l'intérêt de tous; elle est un exemple qui fait qu'on se respecte soi-même, et qui ne permet pas de s'écarter de la ligne du bien et des devoirs, la seule qui conduise au bonheur.

» Monsieur et Mademoiselle, nous avons voulu, pour vous honorer davantage, donner de l'appareil à cette solennité : nous y avons invité nos plus honorables citoyens : C'est en leur présence que vous allez prendre les plus saints engagemens; ne les oubliez jamais, et faites que je m'applaudisse d'avoir formé l'union de vos cœurs : c'est la plus belle et la plus douce récompense que j'attende de mes soins. »

Après ces nobles paroles, dites avec une émotion qui s'est facilement communiquée, les deux fiancés ont été déclarés unis au nom de la loi; et, pendant que la musique exécutait, avec un parfait ensemble, divers morceaux pleins de mélodie, et des airs patriotiques qu'une grande affluence de peuple applaudissait avec enthousiasme, sur les registres de l'acte civil s'inscrivaient avec les deux époux et leurs témoins, les Magistrats, les Officiers de la Légion et les Notables de l'arrondissement.

Sur les onze heures, le cortége s'est mis en marche pour se rendre à Saint-Sulpice. Il était suivi d'une foule paisible; et, au lieu de ces éclats bruyans, de cette joie factice ou désordonnée qui ont souvent accompagné les fêtes populaires, un air de satisfaction brillait sur tous les visages, et semblait en harmonie avec les solennités de ce jour.

La vaste nef du temple s'est trouvée bientôt remplie. L'orgue, touché par Séjan, la musique de la Légion, placée dans le chœur, le vénérable Curé qui a voulu célébrer lui-même, devant le maître-autel, l'union religieuse des deux époux, comme il avait célébré celle des époux de juillet, sa paternelle et pieuse allocution, ces saintes paroles, qui semblent descendre du Ciel quand le digne Ministre d'un Dieu de paix les fait entendre, tout commandait en ce moment le silence, tout inspirait le recueillement et le respect : car le peuple est naturellement religieux; et il sera toujours facile à des prêtres vraiment évangéliques de lui faire aimer ses devoirs.

A deux heures, dans un banquet donné à la Chaumière, ont pris place, avec les deux époux, MM. le Maire-adjoint, le Colonel, le Lieutenant-Colonel, les Chefs de bataillon ci-dessus nommés, le Major de la Légion, plusieurs Officiers, parmi lesquels étaient MM. Camille Paganel, Maître des Requêtes ; Picheran, Capitaine des grenadiers ; Courcier, Payen, Renaud-Lebon, Verdière, Villenave fils, le Docteur Tascheron, Chirurgien du 3ᵉ Bataillon ; Gastebois, Secrétaire-général de la Mairie ; Villenave père, membre de la Commission de la Souscription Nationale; Fain, Conseiller de préfecture, ancien Adjoint à la Mairie de l'Arrondissement, ex-Imprimeur ; les témoins, M. Almes, avocat, décoré de juillet, ex-Aide-de-Camp de Lafayette ; M.

de Gombert et autres Notables de l'arrondissement.

Les deux mariés de juillet étaient invités et présens, comme pour témoigner que la fête du 9 août se liait naturellement à celle du grand anniversaire; que les deux époques avaient la même origine, le même but et devaient confondre, dans un même souvenir, les mêmes sentimens.

Par un heureux hasard, le banquet du XIIᵉ arrondissement avait aussi lieu à la Chaumière. Mais il touchait à sa fin, quand l'autre commençait. Le désir de se réunir a été bientôt manifesté, et soudain exécuté. Les toasts allaient être portés au banquet du XIᵉ, lorsque se sont présentés, accueillis par de vives acclamations, MM. Salleron, Maire du XIIᵉ; Boissel, son adjoint; Forcade de la Roquette, juge de paix; Tartenson, colonel; Panis, chef de bataillon, membre de la chambre des Députés; Artaud, officier-rapporteur; plusieurs légionnaires de divers grades; et avec eux, MM. Aignelot, Lieutenant-Colonel du brave 42ᵉ; De Lardénois, chef de bataillon de la Garde Municipale; Gobert, capitaine; Saillet, sous-lieutenant et d'autres encore. Bientôt les rangs se sont ouverts et resserrés; rien ne peut rendre la franche cordialité avec laquelle on se pressait les mains en répétant en chœur les airs patriotiques chantés par M. Caron, ou exécutés par la musique de la Légion, et qui achevaient d'exalter toutes les ames dans un seul désir, le bonheur et la gloire de la France.

Des toasts *au Roi citoyen ! à la Reine des Français ! à la jeune Reine des Belges ! à l'union des deux Peuples ! à la fraternité de l'armée et de la Garde Nationale !* ont été successivement portés par les maires des deux arrondissemens, par MM. de Sussy, Boulay de la Meurthe, et le Lieutenant-Colonel du 42ᵉ.

Les tambours et la musique de la Légion, qui avaient salué chaque toast, achevaient de se faire entendre, lorsque le lieutenant Villenave fils s'est levé, et s'adressant à la jeune mariée, a lu avec une chaleur entraînante, les vers suivans :

Dans ce jour solennel, Louise, à ce banquet,
Je viens, poëte sombre, apporter un bouquet
Sans rubans, ni chansons ; un bouquet funéraire,
Exhalant le parfum des vertus de ton père !
Il naît de belles fleurs dans l'herbe du tombeau,
Et je crois ne pouvoir te faire un don plus beau.

Sous le feu du canon, sous l'éclat des grenades,
Ton père, un fer en main, passa par tous les grades,
Enfin, il commandait à nos vieux bataillons.
Son sang, de vingt pays arrosa les sillons.

Il a bruni son teint au soleil des Espagnes;
De la riche Italie il a fait les campagnes.
Il était à *Friedland*; et, vaincu, le Germain
Abaissa son orgueil sous sa vaillante main.
En Égypte, au sommet des hautes Pyramides,
Il sécha les drapeaux de sang français humides.
Devant ses vieux soldats, dont il était connu,
Gaud pouvait, sans rougir, mettre son corps à nu,
Et leur montrer du fer les profondes morsures :
Car, en face, toujours il reçut ses blessures.
Dans un jour affreux, jour de misère et de deuil,
Un grand homme tomba du haut de son orgueil.
Notre drapeau, sans aigle, en sa gloire dernière,
Aux champs de *Waterlo* roula dans la poussière;
Et perdit ses couleurs, dans les larmes, le sang,
Déteint par l'étranger qui nous le rendit blanc !
Et de nos monumens, honteux de la défaite,
Comme un flottant outrage, il vint salir le faîte.
Le soldat, du regard, cherchait son vieux drapeau;
Il espérait toujours, quand, de *Fontainebleau*,
Il entendit l'adieu, cèt adieu de la gloire
Qui fait vibrer le cœur et rougir la mémoire. . . .
Ton père, à son pays voulait encor s'offrir,
Non plus pour vaincre, mais seulement pour mourir !
Tant de braves vaincus, affamés de victoire,
Au courage exilé sur les bords de la Loire,
Répétaient tristement : *Waterlo ! Waterlo !* . . .
Et le fleuve long-temps en a gardé l'écho.
Mornes, silencieux, en leur valeur trompée,
Combattre était encor le vœu de leur épée.
Inutile désir des sublimes débris
De cette grande armée, honneur de son pays !

Le Russe, pour camper, vint sur nos promenades :
On ne connaissait pas alors les barricades !
Gaud, devant l'étranger, dans un mortel frisson,
S'écria, l'œil en feu : « trahison ! trahison ! »
Et, dans ces jours de honte et d'affreuse tempête,
De son manteau de guerre ayant voilé sa tête ;
« L'étranger ! L'étranger ! France ! Malheur ! Malheur ! »
Il brisa son épée..... et mourut de douleur.

Tel était Louis Gaud ! Ce héros fut ton père.
Ton sang est, tu le vois, anobli par la guerre.
Puissé-je, sur ma lyre, à la postérité,
Faire arriver son nom de tant d'honneurs doté,
Arracher, au dédain des vieilles funérailles,
Le héros mutilé de plus de vingt batailles.
Et, comme exemple saint d'un pieux dévoûment,
Montrer le guerrier mort dans la foi du serment !...
Mais combien de héros, frappés dans nos armées,
Qui dorment en l'oubli de leurs tombes fermées,
Noblement expirés aux assauts du canon !
Et, couverts de hauts faits, combien d'hommes sans nom !
La gloire, de nos jours, est bientôt effacée ;
Il faut de courts récits à l'humaine pensée.
Les Français ont jonché l'Europe de leurs os :
Qui peut énumérer le chiffre des héros ?
Personne parmi nous.... Et l'oublieuse histoire
Userait son burin à marquer tant de gloire !
Que ne vit-il encor, ce guerrier généreux,
Pour embrasser sa fille en ces momens heureux !
Admirer, dans l'hymen, l'éclat qui la colore !
Rouvrir son œil éteint au drapeau tricolore !
Et presser sur son cœur un fils digne de lui !

Ses enfans, au berceau, privés de son appui !
Combien il serait fier de sa fille chérie !
Il croirait, dans son fils, embrasser la patrie :
Lui qui, pour relever l'étendard paternel,
Avant quinze printemps, brava le plomb cruel
Que jetait à son peuple un Roi dans sa colère,
Noyée avec mépris sous le flot populaire ;
Et, dans trois jours de gloire à jamais immortels,
De la Patrie en pleurs, défendit les autels.
Il disait, noble enfant, sur un lit de souffrance :
« Mon père, comme toi, j'ai vaincu pour la France ! »
Le guerrier attendri, presserait sur son cœur
Son gendre décoré du signe de l'honneur...
Gaud n'a laissé, mourant, que sa gloire à sa fille.
Mais, Auguste, il est grand d'entrer dans sa famille !
Garde bien le dépôt que la France te fait ;
Et toujours, dans ta femme, aperçois un bienfait.
Et toi qui vis encore, heureuse et bonne mère,
La fortune, à tes jours va cesser d'être amère.

Dans un même courroux, deux Peuples à la fois,
En renversant le trône ont balayé deux Rois :
Guillaume et Charles dix ont perdu leurs royaumes
Pour n'avoir pas compris les droits égaux des hommes,
Et pour avoir voulu mettre leurs volontés
A la place des lois et de nos libertés.
Deux Peuples ont vengé leurs communes injures ;
Et les deux Rois tombés étaient deux Rois parjures.
Vainqueurs dans le présent, pour l'être en l'avenir,
Par un contrat d'amour, ces Peuples vont s'unir.
Descends, Liberté sainte !... et deviens le notaire
De cet acte si grand, dont est témoin la terre !

Le poète a été plusieurs fois interrompu par des applaudissemens que provoquaient de vives émotions ; et quand il a retracé les désastres de Waterloo, la fête a pris tout-à-coup un caractère grave, et des larmes ont roulé sur plus d'une vieille moustache.

L'impression de ces vers a été demandée et votée par acclamation.

Pour ramener la gaîté dans le cœur des jeunes mariés, un bal a été improvisé : les Gardes Nationaux des deux légions ont fait avertir leurs femmes, leur sœurs, leurs enfans ; et, à neuf heures, la grande salle de la Chaumière offrait un joyeux coup d'œil où tous les rangs se trouvaient confondus, avec une urbanité qui ajoutait au charme de cette fête toute patriotique. Là, les croix de juillet brillaient avec orgueil sur presque toutes les poitrines ; là les trois journées de juillet étaient toujours les glorieuses, les immortelles journées ! Là, dansaient avec les magistrats et les Gardes Nationaux, le Lieutenant-Colonel du 42e, d'autres braves de la ligne, des officiers de la Garde Municipale et le Lieutenant-Colonel Charpentier, vieux soldat d'Austerlitz, d'Eylau et d'Essling, où il eut un bras emporté, et qui, après s'être distingué au milieu des barricades, a constamment, depuis, dans les jours de crise, offert le seul bras qui lui reste pour le triomphe des lois et de la paix publique.

Le bal a fini à minuit, et quand on s'est séparé, de douces impressions, sont restées; chacun semblait se dire : « la France verra encore d'autres mariages et d'autres fêtes du même genre, car les vertus de la Reine ont semé des couronnes dans le berceau de ses enfans ! »

IMPRIMERIE D'HIPPOLYTE TILLIARD, RUE DE LA HARPE, N°. 58.

www.ingramcontent.com/pod-product-compliance
Lightning Source LLC
LaVergne TN
LVHW021806030726
842523LV00003B/1250